DONNA BELLA,

OU

LES ILLUSIONS DE L'AMOUR,

PANTOMIME

En deux Actes et à grand Spectacle,

Par M. HULLIN;

Musique de M. ALEXANDRE PICCINI, attaché à la Musique
particulière de S. M. l'Empereur,

*Représentée, pour la première fois, à Paris, sur le Théâtre
de la Gaîté, le 20 Avril 1811.*

PERSONNAGES. ACTEURS.

DONNA BELLA, fille d'un riche Seigneur. — Mlle. HUGENS.

Le Comte SEBASTIANO, amant inconnu de Donna Bella. — M. RENAUZI.

Dom CARLOS, Chevalier et prétendu de Donna Bella. — M. LAFITE.

Le Baron DE TELASCO, père de Donna Bella. — M. MICHOT.

LAURETTE, Soubrette. — Mlle. DEGVILLE.

PÉDRO, Valet niais. — M. CUEZA.

PÉTRONILLE, petite Paysanne chargée d'apporter les provisions au Château. — Mlle. LEGROS.

FIGARO, directeur d'un petit Théâtre d'Enfans. — M. BOX.

Plusieurs Chevaliers invités par le Baron de Télasco.
Troupe de Villageois.
Troupe D'enfans.
Troupe de Bohémiens.
Gardes à la suite du Comte Sébastiano.
Plusieurs Domestiques.
Deux Montagnards.

La scène se passe en Espagne.

DONNA BELLA,

ou

LES ILLUSIONS DE L'AMOUR;

Pantomime en deux Actes.

Le Théâtre représente à droite l'entrée d'un château fermé par une grille tenant à deux pavillons. A gauche, une avenue d'arbres; dans le fond, la campagne. L'acte commence au point du jour.

SCÈNE PREMIERE.

(*Air de chasse.*)

Le baron de Telasco sort par la grille du château, tenant un fusil à la main, et dans le costume d'un chasseur; il est suivi de Pédro et d'un autre domestique. Il ordonne à Pédro de ne pas s'éloigner, afin de recevoir don Carlos, qu'il attend et qui vient pour épouser sa fille. Pédro promet la plus grande exactitude à remplir les volontés de son maître, referme la grille et le salue.

SCENE II.

Pédro paraît fâché d'être obligé de rester seul, et pour passer le tems, il tire de sa poche une gourde remplie de vin qu'il boit à plusieurs reprises; ensuite il se promène d'un côté du théâtre à l'autre, en exprimant l'impatience et l'ennui; mais un bruit qu'il entend excite son attention; il observe, et apperçoit bientôt trois hommes qui s'avancent du côté opposé à l'avenue du château. Convaincu que ce ne peut être celui que l'on attend, un mouvement de curiosité le détermine à se cacher, mais ne trouvant pas de lieu convenable, il prend le parti de monter sur un arbre.

SCENE III.

Le comte Sébastiano, accompagné de deux hommes de sa suite, paraît enveloppé d'un manteau qu'il ôte après avoir observé s'il n'est vu de personne; alors il paraît sous les habits d'un jeune troubadour. Il prend un sistre que lui donne un de ses valets; ensuite il leur fait signe de se tenir à quelque distance, ce qu'ils exécutent aussitôt.

SCENE IV.

Le comte, se croyant seul, promène ses regards du côté du pavillon.

SCENE V.

Et préludant sur son sistre, il se dispose à exécuter une romance.

SCENE VI.

A peine a-t-il fini, que les sons d'une harpe, sortant du pavillon, font entendre la même romance, mais d'une manière plus expressive.

SCENE VII.

Le comte paraît enchanté de ce qu'il vient d'entendre ; il exprime la joie que lui fait éprouver l'espérance de voir bientôt son amour partagé ; un bruit assez fort porte son attention du côté opposé au pavillon ; il apperçoit Pédro qui s'est laissé tomber en bas de l'arbre, et qui paraît étourdi de sa chûte. Le comte va pour lui porter du secours, et l'aider à se relever ; mais Pédro revient bientôt à lui, et croit reconnaître son ancien maître ; il le fixe avec plus d'attention, et ne doute plus que ce ne soit le comte Sébastiano, sous les habits d'un jeune Troubadour. Celui-ci désespéré d'avoir été reconnu, n'a plus d'autre parti à prendre que de mettre Pédro dans sa confidence, en l'engageant à ne pas trahir sa confiance. Il lui avoue donc son amour pour Donna Bella ; mais ne voulant pas être connu, il lui offre une bourse pour prix de sa discrétion : Pédro fait quelques façons, mais il cède enfin aux instances du comte, et lui jure de garder fidèlement le secret qui vient de lui être confié : ensuite le comte sort en recommandant toujours à Pédro le plus grand silence sur ce qu'il vient d'apprendre.

SCENE VIII.

Pédro resté seul, veut se livrer à la joie que

lui cause la possession d'une bourse qui lui
paraît assez bien garnie. Mais une douleur causée
par la chûte qu'il vient de faire, l'arrête tout-à-
coup, et il va tout boitant compter son argent sur
un banc qui est au-dessous du pavillon.

SCENE IX.

On apperçoit au fond du théâtre une jeune paysanne tenant un panier : c'est la petite Pétronille,
qui vient apporter les provisions du château; Pédro l'appercevant, serre son argent avec précipi-
tation, et va au-devant d'elle pour l'aider à dépo-
ser son fardeau. Il lui fait des agaceries qu'elle repousse avec dédain, en se mocquant de sa dé-
marche ; il veut prendre des fruits qui sont dans
son panier. Elle s'y oppose et lui observe qu'il faut
qu'elle en rapporte l'argent à sa mère, et qu'il ne
lui est pas permis d'en disposer autrement. Alors
Pédro prenant un air important, fait sonner l'argent qu'il a reçu du comte, et fait entendre que
s'il voulait, il pourrait acheter toute sa provision.
Pétronille se radoucit et fait plusieurs minauderies
pour attirer l'attention de Pédro. Elle le trouve
charmant. Celui-ci enchanté du changement subit
que son argent vient d'opérer sur Pétronille, baise
sa bourse en reconnaissance, la regardant comme
le plus puissant talisman qu'il puisse offrir aux
yeux d'une jeune fille.

SCENE X.

Cette scène est interrompue par l'arrivée d'un
domestique du baron, rapportant son fusil et
faisant appercevoir à Pédro que son maître vient

par l'avenue du château avec don Carlos, qu'il a rencontré. Le Domestique et Pétronille s'empressent de rentrer, et Pédro reste seul pour ouvrir la grille à son maître.

SCENE XI.

Le Baron paraît, accompagné de don Carlos, à qui il montre le pavillon du château qui est le logement de sa fille. Don Carlos exprime le bonheur qu'il se propose de goûter auprès d'une personne si accomplie. Le baron lui montrant que la grille est ouverte, l'engage à entrer.

Le Théâtre change, et représente un cabinet ou un petit salon d'étude ; à droite est un tableau posé sur un chevalet et recouvert d'un voile : du côté opposé est un secrétaire sur lequel est un sistre et de la musique. Au bas est une boîte renfermant des couleurs et tout ce qui est nécessaire à la peinture. Au-dessus est une bibliothèque ; plusieurs tableaux, sans cadres, garnissent la décoration.

SCENE XII.

Pédro arrive d'un air empressé ; il s'occupe à ranger les meubles et à frotter l'appartement ; il fait quelques lazzis devant les différens objets qui s'offrent à sa vue, et il ne manque pas de découvrir le tableau, qu'il reconnaît pour être le portrait du comte Sébastiano, sous l'habit de troubadour, et tenant un sistre dont il paraît s'accompagner, tel enfin qu'il était lorsqu'il l'a rencontré. Pédro se rappellant la promesse qu'il a faite en recevant la bourse, met le doigt sur sa bouche et indique ainsi l'intention qu'il a de garder le secret qui lui a été confié. La soubrette arrive : le voyant tout préoccupé du tableau, elle se dispose à lui faire peur, et s'approchant doucement elle lui donne un grand coup sur l'épaule, ce qui cause une telle frayeur à Pédro, qu'il se jette sur le chevalet qui tombe avec lui, ainsi que le tableau. Sa peur se dissipe lorsqu'il reconnaît Laurette ; il se relève et s'empresse à remettre les choses à leur place. Il fait des agaceries à la soubrette qui le repousse et qui lui ordonne de tout disposer pour l'arrivée de sa maître. Il apporte la boîte de couleurs et la pose près du chevalet. Après quelques lazzis, il se retire sur l'air qui annonce l'arrivée de Donna Bella.

SCENE XIII.

Elle paraît triste et rêveuse. La soubrette cherche à connaître le sujet qui l'afflige; mais Donna Bella lui fait signe de la laisser seule; la soubrette paraît piquée de cette réserve, et s'éloigne avec quelques regrets.

Donna Bella restée seule, prend l'attitude d'une personne livrée à une passion malheureuse : elle découvre le tableau et exprime par ses gestes, le trouble dont son âme est agitée.

SCENE XIV.

Elle prend son pinceau et essaie de donner quelques touches pour perfectionner son ouvrage;

mais le pinceau lui échappe de la main, et son émotion ne lui permet pas de continuer. Elle contemple de nouveau l'objet d'une fatale passion; elle croit l'entendre chanter. Son imagination s'exalte, et prenant son sistre, elle exécute une romance qu'elle semble adresser à cet être inanimé. Pendant cette scène, la soubrette paraît dans le fond du théâtre, et surprend sa maîtresse dans cette situation; elle se cache derrière un fauteuil, pour avoir le secret tout entier, sans être apperçue.

SCENE XV.

Donna Bella, après un moment de délire, revient peu-à-peu à elle-même. Elle voudrait surmonter une passion si funeste. Elle quitte son sistre; et alors il se livre en son âme un combat entre la raison et la passion qui la domine.

Un bruit se fait entendre. Donna Bella émue, troublée, inquiète, ne sait plus que devenir; elle va cacher le tableau, objet de son désir, et fait tous ses efforts pour reprendre un calme apparent.

SCENE XVI.

Son père entre accompagné d'un homme qu'il lui présente, comme étant destiné à devenir son époux. Elle ne sait comment le recevoir, et son embarras redouble, lorsque Don Carlos veut lui adresser un compliment. Le baron attribue l'embarras de sa fille à la timidité naturelle à son sexe. Il rassure son gendre surpris de la réception que lui fait Donna Bella; et pour lui laisser l'occasion de s'expliquer plus librement, il se retire en ordonnant à Laurette de rester avec sa maîtresse.

SCENE XVII.

Dès que Don Carlos se trouve seul avec Donna Bella, il se dispose à lui déclarer l'amour qu'il ressent pour elle; mais Donna Bella ne peut plus cacher son trouble; elle n'ose jeter un regard sur le chevalier. Elle veut s'expliquer, n'en a pas la force : et confuse, anéantie, elle sort en laissant son prétendu dans un étonnement que rien n'égale.

La soubrette, par un sourire malin, donne à entendre à Don Carlos qu'elle n'ignore pas la cause de la conduite de sa maîtresse. Le chevalier la supplie de lui expliquer les raisons qui ont pu lui attirer une réception aussi étrange. Laurette veut s'en défendre; mais il fait tant d'instances, qu'il la décide à lui faire l'aveu qu'il désire. Elle lui fait entendre qu'il a un rival. Le comte parait surpris, affligé de ce contre-tems. Il demande quel est ce rival si redoutable. La soubrette se met à rire. Mais le comte fait entendre qu'il saura bien découvrir cette intrigue. Laurette lui promet de lui faire voir ce rival préféré; et découvrant le tableau, lui montre celui qu'il désire tant connaître.

SCENE XVIII

Alors elle répète la scène dont elle a été témoin, et assure à Don Carlos que sa maîtresse est amoureuse de cet objet que son pinceau a créé, que son imagination est tourmentée de cette fatale passion, et que ce portrait est la cause du trouble dont elle était agitée à son arrivée. Don Carlos après avoir fixé le tableau avec attention, croit reconnaître un de ses amis sans les traits du troubadour ; il paraît surpris de cette découverte, et dans l'incertitude où cet événement le jette, il prend la résolution de dissimuler jusqu'à ce qu'il ait dévoilé le mistère que ce tableau semble cacher.

SCENE XIX.

Le Baron vient interrompre cette scène, en annonçant que tout est préparé pour la fête, et que l'on n'attend plus que la présence de Donna Bella. La soubrette va avertir sa maîtresse, et Don Carlos sort avec le Baron.

Le Théâtre change et représente une galerie très-bien décorée ; des domestiques viennent apporter des siéges.

SCENE XX.

Une marche annonce l'arrivée des chevaliers et des dames invitées, chacun prend sa place. Donna Bella va s'asseoir près de son père, et la fête commence.

Elle est interrompue par l'arrivée du comte, qui, déguisé en troubadour, demande à faire connaître ses talens. Le baron fait signe qu'il peut se présenter. Il s'avance au milieu de l'assemblée.

Il exécute sur son sistre la même romance qui a déjà été entendue : Donna Bella prête la plus grande attention à cette scène. Elle examine attentivement l'étranger, qui, de son côté, donne à son jeu l'expression de l'amour le plus tendre, en fixant

Donna Bélla, qui ne peut se défendre d'un très-vif intérêt.

Son trouble augmente par degré. Sa tête se perd, et ne pouvant plus contenir les mouvemens de son âme, elle tombe presque sans connaissance dans les bras de son père. Don Carlos, qui n'a pas perdu de vue le prétendu troubadour, reconnaît en lui le comte Sébastiano, son ami ; l'assemblée prend part à cette scène, et la toile tombe sur un tableau général, qui exprime le désordre et la surprise que cet événement a fait naître.

Fin du premier Acte.

ACTE II.

Le Théâtre représente un petit salon; à droite est placé le tableau du premier acte.

SCENE PREMIERE.

Don Carlos arrive; il a l'air rêveur et inquiet du parti qu'il doit prendre; mais quelqu'un s'approche.

SCENE II.

C'est le Comte Sébastiano, toujours en troubadour. Don Carlos s'empresse d'aller au-devant de lui; le Comte reconnait son ami: ils s'embrassent tous deux, et paraissent satisfaits de leur rencontre. Le Comte fait entendre à Don Carlos l'intention qu'il a de rester inconnu; celui-ci a l'air surpris de le retrouver sous les habits d'un Troubadour; mais le Comte lui avouant l'amour qu'il a conçu pour Donna-Bella, lui fait aisément comprendre la cause de son déguisement ⨯ alors Don Carlos lui fait aussi la confidence des prétentions qu'il avait sur Donna-Bella; mais d'après ce qu'il vient d'apprendre, il manifeste l'intention qu'il a d'y renoncer. Le Comte paraît sensible à la générosité de son ami, et malgré l'amour qu'il ressent pour Donna-Bella, il est prêt à en faire le sacrifice; Alors Don Carlos prenant le Comte parla main, veut lui prouver qu'il a de fortes raisons pour renoncer à son amour, et découvrant le tableau, il donne à son ami l'agréable surprise de se reconnaître dans les traits du Troubadour, que Donna-Bella a tracés sur la toile; le Comte est enchanté de ce qu'il vient de voir, il exprime les transports dont son âme est agitée ; et Don Carlos partageant sa joie, lui promet de ne mettre aucune entrave à son bonheur. Mais un bruit annonçant l'arrivée de quelqu'un, force les deux amis à se retirer; ils s'éloignent ensemble.

SCENE III.

Donna Bella parait plongée dans une profonde rêverie ; elle cherche vainement à distraire son ennui. Elle prend un livre, lit quelques lignes, ensuite le jette avec dépit, et retombe dans sa mélancolie.

SCENE IV.

Le Baron arrive avec Laurette; il approche de sa fille, et parait très-inquiet sur l'état de sa santé : il cherche à connaître la cause de son mal ; mais Donna-Bella dissimule, et fait entendre qu'une légère indisposition est la seule cause de l'état où elle se trouve ; alors le Baron sort en recommandant à Laurette de prendre soin de sa maîtresse.

SCENE V.

La soubrette cherche à distraire Donna-Bella par quelques gentillesses; mais celle-ci n'y prend aucune part, et ordonne à Laurette de se retirer.

SCENE VI.

Donna-Bella, restée seule, cherche encore à distraire son ennui ; elle prend son sistre et en tire quelques sons. Mais bientôt un profond abattement s'empare de ses sens, et après s'être assise dans un fauteuil, elle ne tarde pas à s'y assoupir.

SCENE VII.

Alors le Tableau de ce qui se passe dans son imagination se représente en songe ; deux rideaux s'ouvrent au milieu du salon, et vis-à-vis du public, on voit derrière un gaze, une campagne agréable et solitaire ; sur le devant est la tour d'un vieux château, au bas de laquelle on apperçoit un Troubadour occupé à chanter une romance ; bientôt après paraît une femme sur le donjon ; elle jette un billet que le troubadour ramasse, et qu'il couvre de baisers.

(Cette scène est jouée par deux enfans.)

SCENE VIII.

Donna Bella se réveille agitée : les deux rideaux se ferment : n'appercevant rien, elle ne doute plus que ce ne soit un prestige de son imagination. Elle cherche à éloigner les idées dont elle est accablée. Le tableau qu'elle a peint s'offre à sa vue ; elle le fixe un moment, puis détournant les yeux, elle veut oublier l'objet qui cause son tourment.

SCENE IX.

Mais la soubrette vient interrompre cette scène, pour lui annoncer que deux médecins arrivent, par l'ordre de son père, pour connaître l'état de sa maladie. Donna Bella montre beaucoup d'humeur et ne veut point recevoir cette visite; elle sort en ordonnant à Laurette de ne pas la suivre. Celle-ci restée seule, ne sait quel parti prendre; mais comme elle apperçoit les deux médecins, l'idée lui vient de prendre la place de sa maitresse. Elle se couvre d'un voile, s'asseoit dans un fauteuil et prend l'attitude d'une personne accablée d'un violent mal de tête.

SCENE X.

Les deux médecins entrent gravement, en faisant de grandes salutations; ils vont l'un après l'autre tâter le poulx à Laurette, qui rit à part de leur méprise. Ils font des mines qui semblent dire que la maladie est dangereuse, et ils se consultent un moment. Il ne sont pas d'accord sur l'état de la malade. Il s'élève entr'eux une dispute assez comique qui se terminerait fort mal, si un troisième médecin (qui est le comte déguisé), ne venait les calmer; celui-ci les prend chacun à part, leur met une bourse dans la main, et fait connaître son opinion, en écrivant une ordonnance ainsi conçue:

Pour finir sa mélancolie,
Unissons Amour et Folie.

Les deux médecins, après avoir pesé la valeur de leur bourse, trouvent l'ordonnance très-convenable, et s'empressent de la signer, ensuite ils sortent en faisant de grandes salutations à la malade, ainsi qu'au prétendu médecin.

SCENE XI.

Lorsqu'ils sont sortis, le comte veut adresser quelques mots à la soubrette qu'il prend pour Donna Bella. Mais celle-ci, se retournant lui fait appercevoir sa méprise. Laurette sort et laisse le comte seul. Il va pour sortir aussi, mais Donna Bella paraît : il veut lui parler, il n'ose. Donna Bella n'est pas moins troublée, et cette scène est interrompue par la présence du baron de Télasco, qui vient pour connaître le résultat de la visite des médecins. Le comte Sébastiano prend un air important, et dit qu'il a trouvé le remède convenable à la maladie de Donna Bella, et fait voir l'ordonnance qu'il a tracée. Le baron de Télasco parait enchanté du prétendu médecin : il le comble d'amitié, et ordonne à ses domestiques d'annoncer à tous ses vassaux qu'il accordera une forte récompense à celui qui pourra distraire Donna Bella, ensuite ils sortent tous.

Le Théâtre change et représente une place de Village. Tout annonce que c'est la fête du lieu. Des groupes de paysans sont occupés à jouer à différens jeux ; d'autres mangent et boivent. Dans le fond du Théâtre, on apperçoit une loge représentant la façade d'une salle de spectacle et sur laquelle on lit : troupe de grands danseurs.

SCÈNE XXII.

On voit arriver deux hommes qui conduisent un ours; ils proposent aux paysans de le faire danser. Ceux-ci acceptent volontiers, et l'ours danse au son d'une musette. On lui fait faire plusieurs tours, après lesquels un des conducteurs prenant son chapeau, le présente en demandant de l'argent. Les paysans ne veulent pas en donner, et il s'élève une dispute entre eux. Dans le fort de la rixe, celui qui tient l'ours le lâche pour aller au secours de son camarade. Mais l'ours profitant de sa liberté pour satisfaire sa gourmandise, va du côté de la table où il est attiré par l'odeur des mets; il s'empare de celui qui se trouve à sa portée, et l'emporte avec ses pattes de devant, marchant sur celles de derrière, ainsi que ces animaux en ont assez l'habitude; mais un des paysans s'étant apperçu du larcin, en avertit ses camarades, qui pour r'attraper leur dîner, oublient bientôt leur dispute, et se disposent à courir après l'ours que l'on apperçoit dans le fond du théâtre, cherchant à se démuseler pour tirer parti du vol qu'il vient de faire. La crainte qu'il inspire, arrête bientôt le zèle des assistans. On se contente de le regarder de loin, pendant que les deux conducteurs s'approchent de lui. Ceux-ci, après avoir saisi sa chaîne, lui font quitter ce qu'il tient dans ses pattes, en le menaçant de leur bâton, ensuite ils s'en vont en se mocquant des paysans qui se déterminent à les suivre, pour reprendre ce qui leur appartient.

SCENE XIII.

Pédro paraît et regarde de tous côtés. Il apperçoit la table, et après s'être assuré qu'il n'est vu de personne, il se met à boire et à manger avec une avidité sans égale. Il est détourné de cette importante occupation par des hommes couverts de la livrée du baron, et qui tiennent en main un rouleau qu'ils déploient et qu'ils attachent à un arbre. Pédro s'approche pour savoir de quoi il s'agit, et lit ce qui suit : *récompense brillante sera accordée à quiconque dissipera la mélancolie qui afflige la signora Donna Bella.* Pédro a l'air de réfléchir un moment. Ensuite il paraît enchanté d'un projet qu'il vient de former ; il saute de joie, fait mille extravagances, et sort en courant par le fond du théâtre.

SCENE XIV.

Le comte Sébastiano paraît enveloppé d'un manteau ; il apperçoit l'écrit, et après l'avoir lu, il va frapper à la porte de la petite loge qui est en face du théâtre. Il en sort un homme qui, après l'avoir salué respectueusement, le fait entrer avec lui et referme la porte.

SCENE XV.

Pédro paraît suivi de ses élèves. Il leur fait exécuter une danse burlesque qui est interrompue par une marche, qui annonce l'arrivée de Donna Bella, accompagnée de son père et d'une suite nombreuse.

Les paysans arrivent de toutes parts, et se disposent à lui offrir des bouquets. Ils préparent une estrade pour la recevoir, et chacun s'empresse de lui témoigner la joie que sa présence inspire.

Après cette scène, un homme sortant de la petite loge du fond, fait voir l'inscription qui est au-dessus de la porte, et demande à être admis à concourir à l'amusement de la signora. On accepte son offre; et à un signal, il paraît une troupe de petits enfans qui passent devant la signora, tenant à leurs mains des couronnes de roses qu'ils déposent à ses pieds, après avoir fait plusieurs grouppes gracieux.

Ensuite paraît une troupe de Bohémiens qui tiennent divers instrumens avec lesquels ils exécutent diverses danses de caractère. Ils terminent par un grouppe au milieu duquel paraît un petit enfant qui s'approche de Donna Bella, et lui montre une devise ainsi conçue :

Rien n'est impossible à l'Amour.

Alors le devant du petit théâtre disparaît et laisse voir le comte Sébastiano habillé en comte et entouré de plusieurs grouppes d'enfans; il descend de l'estrade sur laquelle il est monté, et vient se jetter aux pieds de Donna Bella, qui s'efforce vainement de cacher son trouble. Mais le comte fait un signe, et une escorte composée de chevaliers et de gens de sa maison, s'avancent portant un écusson composée d'armoiries et un étendard sur lequel est écrit : *honneur au comte Sébastiano.* Alors la joie se peint dans tous les traits de Donna Bella. Le comte s'approche du baron de Télasco, et lui demande la main de sa fille. Celui-ci paraît un peu piqué de cette supercherie; mais il regarde sa fille : après lui avoir demandé son avis, il lit sa réponse dans ses yeux, et met le comble à son bonheur, en lui prenant la main qu'il présente au comte Sébastiano qui la couvre de baisers. Chacun témoigne la joie qu'inspire cet heureux événement, et un tableau général termine l'acte.

FIN.

www.ingramcontent.com/pod-product-compliance
Lightning Source LLC
Chambersburg PA
CBHW061523040426
42450CB00008B/1763